ANIMALES EN PELIGRO DE EXTINCIÓN

Diana María Orozco-Velásquez ◆ Gina Marcela Orozco Velásquez

PANAMERICANA
EDITORIAL
Colombia • México • Perú

Orozco-Velásquez, Diana María
    Animales en peligro de extinción / Diana María Orozco-
Velásquez, Gina Marcela Orozco Velásquez. -- Edición
Margarita Montenegro Villalba. -- Bogotá : Panamericana
Editorial, 2016.
    80 páginas : ilustraciones ; 28 cm. -- (Descubre la naturaleza)
    Incluye índice alfabético.
    ISBN 978-958-30-5455-6
    1. Animales extintos 2. Especies en peligro 3. Animales
- Hábitos y conducta 4. Conservación de especies I. Orozco
Velásquez, Gina Marcela, autora II. Montenegro Villalba, Margarita,
editora III. Tít. IV. Serie.
591.68 cd 21 ed.
A1557545

            CEP-Banco de la República-Biblioteca Luis Ángel Arango

Primera edición, enero de 2017
© 2016 Diana María Orozco-Velásquez
© 2016 Gina Marcela Orozco Velásquez
© 2016 Panamericana Editorial Ltda.
Calle 12 No. 34-30. Tel.: (57 1) 3649000
Fax: (57 1) 2373805
www.panamericanaeditorial.com
Tienda Virtual: www.panamericana.com.co
Bogotá D. C., Colombia

Editor
Panamericana Editorial Ltda.
Edición
Margarita Montenegro Villalba
Diseño y diagramación
Jonathan Duque, Martha Cadena

ISBN 978-958-30-5455-6

Impreso por Panamericana Formas e Impresos S. A.
Calle 65 No. 95-28. Tels.: (57 1) 4302110 - 4300355. Fax: (57 1) 2763008
Bogotá D. C., Colombia
Quien solo actúa como impresor.

Impreso en Colombia - *Printed in Colombia*

Créditos de contenido:
IUCN 2015. The IUCN Red List of Threatened Species. Version 2015-4. <http://www.iucnredlist.org>.
Downloaded on March 2016.
Myers, P., R. Espinosa, C. S. Parr, T. Jones, G. S. Hammond, and T. A. Dewey. 2016. The Animal Diversity
Web (online). Accessed at http://animaldiversity.org.

CONTENIDO

INTRODUCCIÓN

La naturaleza nos ofrece gratuitamente alimento, refugio y beneficios económicos. Sin embargo, durante nuestro paso por la Tierra, los seres humanos hemos dejado una huella negativa en los lugares donde habitan muchas especies. Por ejemplo, hemos talado y transformado los bosques, hemos contaminado el agua, el aire y el suelo, y hemos provocado un aumento acelerado en la temperatura de nuestro planeta.

Esta huella negativa que hemos dejado en la naturaleza, ha llevado a la extinción de muchos animales, es decir, a su desaparición total, por lo que nunca más podremos volver a verlos vivos; solo podremos conocerlos en los museos o en los libros de historia.

Aunque hoy en día muchas especies y ecosistemas se encuentran en peligro de desaparecer, aún estamos a tiempo de cambiar la historia o, mejor aún, de cambiar nuestro futuro y el de todas las formas de vida en nuestro planeta.

Podemos hacer muchas cosas para contribuir: reciclar, reutilizar y reducir los residuos que producimos a diario, evitar comprar animales silvestres como mascotas e invitar a todos nuestros familiares y amigos a que se unan a esta causa.

Además, es importante informarse sobre lo que sucede en el mundo natural. En este libro conocerás algunos animales que se encuentran en peligro de extinción, el lugar donde viven, de qué se alimentan, su tamaño y las amenazas que los ponen en peligro de desaparecer. Así comprenderás la importancia de protegerlos y de comenzar a cuidar nuestro planeta.

Estado de conservación

Extinto (Extinct)

Un organismo se considera extinto cuando ha desaparecido por completo y ya no queda ningún ejemplar vivo.

Extinto en estado silvestre (Extinct in the Wild)

Un organismo se considera extinto en estado silvestre cuando solo existe en cultivos, en cautiverio o en poblaciones que están fuera de su distribución original.

En peligro crítico (Critically Endangered)

Un organismo se considera en peligro crítico cuando enfrenta un riesgo de extinción extremadamente alto en estado silvestre, lo que significa una reducción del tamaño de la población de adultos maduros a menos de 250 individuos en áreas grandes o 50 individuos en áreas pequeñas.

En peligro (Endangered)

Un organismo se considera en peligro cuando enfrenta un riesgo de extinción muy alto en estado silvestre, lo que significa una reducción del tamaño de la población de adultos maduros a menos de 2500 individuos en áreas grandes o 250 individuos en áreas pequeñas.

Vulnerable

Un organismo se considera vulnerable cuando enfrenta un riesgo de extinción alto en estado silvestre, lo que significa una reducción del tamaño de la población de adultos maduros a menos de 10 000 individuos en áreas grandes o 1000 individuos en áreas pequeñas.

Casi amenazado (Near Threatened)

Un organismo se considera casi amenazado cuando hay una reducción del tamaño de la población de adultos maduros, pero no alcanza los rangos de las demás categorías, si bien el riesgo de extinción es real.

BIOMAS TERRESTRES

Tundra

Se encuentra cerca del polo norte. Allí no crecen árboles porque el suelo permanece congelado.

Pradera templada

Se caracteriza por tener suelos fértiles con una capa gruesa de pastos. Estas praderas también son llamadas estepas (Asia), pampas (Sudamérica), sabanas (África) y pastizales (Australia).

Bosque boreal

Se encuentra más abajo de la tundra. Allí el suelo es más cálido y permite el crecimiento de algunos árboles.

Bosque templado

Allí se presentan las cuatro estaciones. Tiene árboles de hojas anchas que se caen en el otoño.

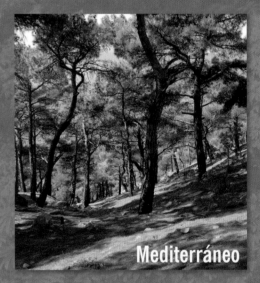

Mediterráneo

En este bioma los veranos son muy cálidos y secos, y los inviernos son frescos y húmedos.

Los **biomas** son grandes zonas de nuestro planeta que comparten un mismo clima, suelo, flora (plantas) y fauna (animales). Las diferencias entre un bioma y otro pueden ser muy grandes, por lo que puede ser difícil para algunas especies adaptarse a otros biomas.

Sabana tropical

Tiene pastos y árboles muy dispersos porque recibe menos lluvias que otras áreas tropicales.

Selva tropical

Es una zona con altas temperaturas y muchas lluvias durante todo el año, por lo que el ambiente es muy húmedo. Tiene grandes árboles y vegetación muy densa. Este bioma es el más diverso de todo el planeta y en él habitan gran cantidad de animales.

Bosque seco tropical

Se caracteriza por presentar temporadas de lluvias y sequías en las cuales los árboles pierden sus hojas para conservar el agua.

Desierto

Es un área en donde llueve muy pocas veces al año, así que es muy seco y no hay muchas plantas. En el día hace mucho calor y en la noche la temperatura es muy baja.

ECOSISTEMAS ACUÁTICOS

Ecosistemas de agua dulce

El 68.9 % del agua dulce se encuentra congelada en los glaciares, el 30.8 % es subterránea y tan solo el 0.3 % se encuentra en los ríos, los lagos, las lagunas, los arroyos y los humedales, y es ahí, en ese pequeño porcentaje de agua, en donde viven casi todas las especies.

Ríos y arroyos

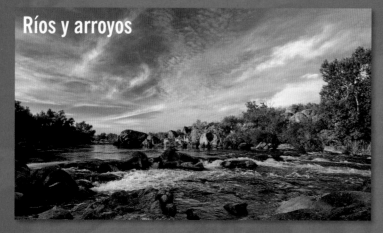

Son corrientes de agua que viajan en una sola dirección hacia cuerpos de agua más grandes.

Lagos y lagunas

Son cuerpos de agua separados del mar. Su tamaño puede variar de unos cuantos metros hasta varios kilómetros cuadrados.

Ecosistemas transitorios

Resultan de la combinación de dos o más ambientes diferentes. Estos ecosistemas pueden ser áreas donde se mezclan la tierra y el agua o el agua dulce y el agua salada.

Humedales

Son terrenos que se inundan de agua. Allí crecen una gran cantidad de plantas acuáticas y habitan diversos animales.

Estuarios

Se forman cuando un río o un arroyo se mezcla con el agua salada del mar. En ellos habitan una gran variedad de especies.

El 70 % de nuestro planeta está conformado por agua. De toda esa agua, el 97.5 % es agua salada y el 2.5 % restante es dulce. En ambos tipos de agua habitan muchas y muy variadas formas de vida.

Ecosistemas marinos

Se encuentran en los mares y océanos. Las algas marinas que habitan allí producen más del 50 % del oxígeno que respiramos. Además, la mayor parte de la lluvia que cae en tierra proviene de la evaporación del agua de los océanos.

Zona intermareal

Es una franja en la que se unen las costas con el océano. A lo largo del día, el agua del mar sube y baja, cubriendo y exponiendo esta franja, por lo que las pocas plantas y animales que viven aquí están bien adaptados para esos cambios.

Arrecifes

Son un conjunto de rocas, bancos de arena y corales ubicados en aguas cálidas y poco profundas. Son de gran importancia porque son el hogar de una gran diversidad de especies y porque forman barreras naturales que protegen las costas de la erosión.

Mar abierto

Es la porción de océano o mar que se encuentra más allá de los arrecifes y lejos de la costa. Allí habitan muchos seres vivos, dependiendo de la cantidad de luz solar que penetra en el agua, de la profundidad y de la temperatura. Por esta razón, algunos organismos viven en las profundidades del océano, donde el agua es fría y oscura, mientras que otros viven cerca de la superficie en donde el agua es cálida y hay luz del sol.

AMENAZAS PARA LA FAUNA

La **deforestación** ocurre cuando se talan o se queman los árboles de los bosques y las selvas para usar ese terreno para la agricultura, la ganadería, la construcción de carreteras y viviendas, o para extraer madera o plantas medicinales.

En ocasiones, algunos animales son llevados accidental o intencionalmente de un ecosistema a otro, convirtiéndolos en **especies invasoras**. Estas especies causan graves daños porque comienzan a competir con los animales locales por el alimento o por el espacio, les transmiten enfermedades o incluso se convierten en sus depredadores.

La **cacería intensiva** y la **sobrepesca** consisten en buscar y atrapar animales terrestres o marinos de forma constante y excesiva para comerlos o darles otros usos. Ambas actividades reducen rápidamente la cantidad de animales que habitan en un ecosistema. En muchas ocasiones, los animales son tan pequeños y jóvenes que no alcanzan a reproducirse, lo que pone en riesgo el futuro de las especies.

Existen diversas amenazas para la fauna del planeta, la mayoría propiciadas por la intervención del ser humano. Estas producen una reducción en la población de determinadas especies, lo que genera que se extingan o que estén en peligro de extinción.

La **contaminación** es la introducción de sustancias tóxicas o peligrosas en el agua, el suelo y el aire, lo que causa enfermedades en los seres vivos, afecta su crecimiento y reproducción e incluso los lleva a la muerte.

El **tráfico ilegal de especies** ocurre cuando se sacan animales silvestres de su ambiente natural para venderlos como mascotas a las personas de las ciudades. Por lo general, estos animales casi siempre mueren porque no están acostumbrados a las condiciones de la vida en cautiverio.

La deforestación y la contaminación han traído como consecuencia un **cambio climático** acelerado en nuestro planeta, es decir, un aumento rápido de la temperatura de la Tierra que hace que los polos se derritan y que haya sequías. Estos cambios son tan rápidos, que los animales se ven obligados a mudarse a otros lugares y si no logran adaptarse, es muy posible que se extingan.

MAMÍFEROS

Lobo de Tasmania - *Thylacinus cynocephalus*

El lobo de Tasmania era un marsupial. Esto quiere decir que cuando tenía crías, estas crecían en una bolsa que había en el vientre de la madre (como la de los canguros).

Este animal era carnívoro. Las personas lo consideraban una amenaza para las ovejas y por esta razón fue perseguido, atrapado y envenenado hasta su completa desaparición. Además, la introducción de perros en la isla y las enfermedades pudieron haber contribuido a la extinción de esta especie.

EX

 ¿Dónde habitó?

Probablemente vivió en bosques tropicales y praderas

 Distribución

Tasmania (Australia)

Año de extinción

1933

Oso panda - *Ailuropoda melanoleuca*

VU

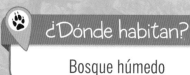
¿Dónde habitan?
Bosque húmedo

Distribución
Centro y sur de China

Tamaño	Peso
70 - 90 cm	80 - 125 kg

Dieta
El oso panda es omnívoro. Aunque se alimenta casi exclusivamente de bambú, en raras ocasiones consume frutas, insectos, mamíferos pequeños y algunos peces.

Amenazas
Con la agricultura y la ganadería, los humanos han reducido el tamaños de los bosques donde habita el oso panda.

Conservación
El Gobierno de China ha creado leyes para proteger al oso panda y su hábitat. Gracias a esto se han creado reservas y se han plantado bosques de bambú para que esta especie pueda vivir y alimentarse allí.

Oso de anteojos - *Tremarctos ornatus*

VU

¿Dónde habitan?
Praderas y bosques
de grandes alturas

Distribución
Bolivia, Colombia, Ecuador,
Perú y Venezuela

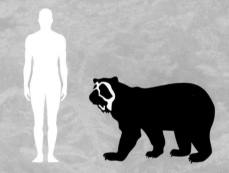

Tamaño	Peso
70 - 90 cm	60 - 200 kg

Dieta
El oso de anteojos es omnívoro. Se alimenta principalmente de frutas y plantas, pero también come miel, corteza de árboles, algunos invertebrados, aves e insectos.

Amenazas
El hábitat de esta especie es cada vez más pequeño debido a la deforestación, la minería y la construcción de carreteras. Además, el oso de anteojos a veces es cazado ilegalmente.

Conservación
En gran parte del territorio en el que habita hay varios parques nacionales que lo protegen. Sin embargo, las condiciones de estos lugares no siempre son apropiadas para su supervivencia.

Oso polar - *Ursus maritimus*

VU

Dieta

El oso polar es carnívoro. Caza principalmente focas, morsas, aves marinas y peces. También se alimenta de animales muertos (carroña).

Amenazas

El aumento en la temperatura global, provocado por el cambio climático, ha derretido el hielo de las regiones en las que habita y ha alejado las especies de las que se alimenta.

Conservación

Los Gobiernos de los países en los que habita el oso polar fomentan la investigación y la protección del hábitat de esta especie.

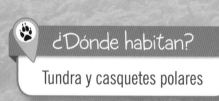

¿Dónde habitan?

Tundra y casquetes polares

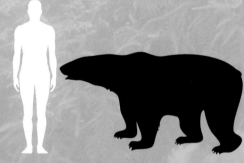

Distribución

Alrededores del polo norte

Tamaño	Peso
180 - 250 cm	150 - 800 kg

¿Dónde habitan?

Sabana y bosque tropical

Distribución

Tasmania (Australia)

Tamaño	Peso
< 30 cm	4 - 12 kg

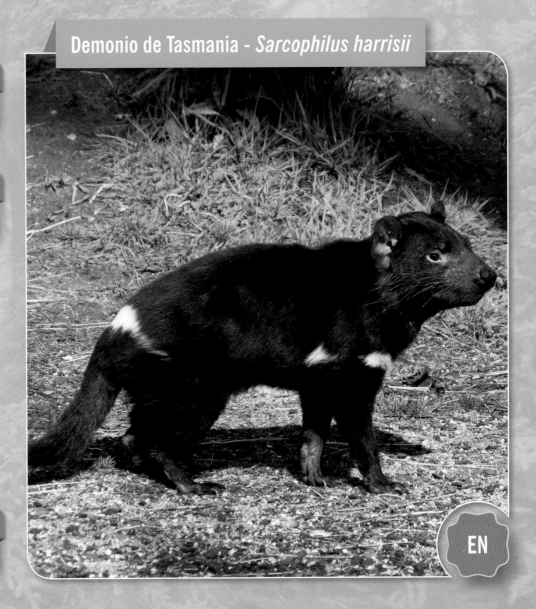

EN

Dieta

El demonio de Tasmania es carnívoro y se alimenta de mamíferos medianos ya muertos. También caza insectos y anfibios.

Amenazas

En los últimos años, se ha reducido su número debido a un tipo de cáncer contagioso que causa tumores en la cabeza de estos animales.

Conservación

Se han realizado investigaciones para crear una vacuna contra la enfermedad que los afecta. Además, se están aislando los animales sanos para protegerlos y evitar que se contagien.

MAMÍFEROS

Tigre - *Panthera tigris*

EN

Dieta
El tigre es carnívoro. Se alimenta principalmente de mamíferos grandes y medianos, como búfalos, ciervos y cabras. También puede comer aves grandes, reptiles, anfibios y peces.

Amenazas
La cacería es la principal causa de que se haya reducido la población de tigres. Además, muchas comunidades humanas han deforestado su hábitat para utilizarlo para la agricultura y la ganadería.

Conservación
Algunos Gobiernos de las regiones en las que habita esta especie están trabajando para proteger a los tigres y su hábitat. También existen algunos programas para su reproducción.

 ¿Dónde habitan?

Tundra, bosque tropical, bosque boreal y praderas

 Distribución

China, Corea, Rusia, India y región Himalaya

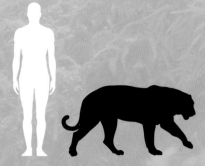

Tamaño	Peso
198 - 307 cm	91 - 423 kg

¿Dónde habitan?

Sabana y desierto

Distribución

África del norte y subsahariana

Tamaño	Peso
112 - 150 cm	21 - 72 kg

Guepardo - *Acinonyx jubatus*

VU

Dieta

El guepardo es carnívoro.
Se alimenta de gacelas
y otros mamíferos grandes.
También come liebres y aves.

Amenazas

Los guepardos son considerados
como una amenaza para
el ganado y por esta razón
son cazados. Además,
las hienas y los leones les
roban su alimento y también
cazan a sus crías.

Conservación

Se ha establecido un programa
de perros guardianes para
ahuyentar a los guepardos del
ganado y evitar que los humanos
los cacen en venganza.

MAMÍFEROS

Tigrillo - *Leopardus tigrinus*

VU

¿Dónde habitan?
Sabana, bosque y selva tropical

Distribución
Desde Costa Rica hasta el noreste de Argentina

Tamaño	Peso
76 - 83 cm	1.5 - 3 kg

Dieta
El tigrillo es carnívoro. Se alimenta de aves y mamíferos pequeños, como los ratones, y algunas veces come lagartijas.

Amenazas
En ocasiones los tigrillos son víctimas del tráfico ilegal para convertirlos en mascotas. Además, la deforestación ha reducido el hábitat de esta especie.

Conservación
En Argentina, Brasil, Colombia, Costa Rica, la Guayana Francesa, Paraguay, Surinam y Venezuela está prohibida la caza de esta especie.

Lobo rojo - *Canis rufus*

CR

Tamaño	Peso
66 - 79 cm	20 - 40 kg

Dieta

El lobo rojo es carnívoro.
Se alimenta de mamíferos
pequeños y medianos,
como mapaches, venados,
conejos, cerdos y nutrias.

Amenazas

El lobo rojo fue cazado casi hasta
su extinción porque se creía que
era una amenaza para el ganado.
Los pocos lobos rojos que
quedaron se cruzaron con otras
especies de lobos y coyotes.

Conservación

Se hicieron esfuerzos para
reproducir esta especie
en cautiverio y llevarla de
nuevo a su hábitat natural.
Actualmente se protege el
territorio en el que habita.

MAMÍFEROS

Rinoceronte negro - *Diceros bicornis*

CR

Dieta
El rinoceronte negro es herbívoro. Se alimenta de ramas, arbustos, legumbres, semillas, granos, nueces y pastos.

Amenazas
El número de rinocerontes negros se ha reducido porque ha sido cazado para utilizar sus cuernos como medicina o como decoración.

Conservación
Se ha prohibido la venta de cuernos de rinoceronte y se han creado programas para cuidarlo y protegerlo de los cazadores.

 ¿Dónde habitan?
Desierto, sabana y bosque seco tropical

 Distribución
Sur de África

Tamaño	Peso
3 - 3.75 m	800 - 1000 kg

Elefante asiático - *Elephas maximus*

EN

Dieta
El elefante asiático es herbívoro. Se alimenta de pastos, hojas, cortezas de árboles, tallos, raíces y arbustos.

Amenazas
El hábitat del elefante asiático se ha reducido debido a que los humanos lo han destinado a la agricultura. También ha sido cazado por sus colmillos.

Conservación
Se han creado programas para evitar que haya conflictos entre las personas y los elefantes en las zonas de cultivo que invaden su territorio.

¿Dónde habitan?	Distribución	Tamaño	Peso
Sabana y bosque seco tropical	India y Sudeste Asiático	2.5 - 3 m	3000 - 5000 kg

MAMÍFEROS

¿Dónde habitan?
Desierto y sabana

Distribución
Eritrea y Etiopía

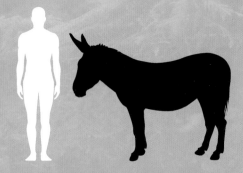

Tamaño	Peso
125 - 145 cm	275 kg

Asno salvaje de África - *Equus africanus*

CR

Dieta
El asno salvaje de África es herbívoro. Se alimenta de pastos y diferentes hierbas.

Amenazas
Las personas lo cazan para comerlo y para elaborar medicinas, por lo que quedan muy pocos en la naturaleza. Además, compite con el ganado por los pastos para alimentarse.

Conservación
Los Gobiernos han prohibido su caza y han destinado varios terrenos para proteger esta especie. Sin embargo, la falta de dinero ha impedido que estas medidas sean efectivas.

¿Dónde habitan?

Desierto y sabana

Distribución

Chad, Mauritania y
Nigeria (África)

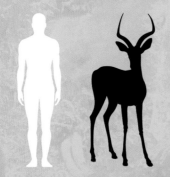

Tamaño	Peso
95 - 115 cm	60 - 125 kg

Antílope blanco - *Addax nasomaculatus*

CR

Dieta

El antílope blanco es herbívoro. Se alimenta de pastos, hojas, cortezas de árboles, tallos y flores.

Amenazas

Son cazados para obtener su carne y utilizar su piel. Además, las sequías han provocado que la sabana se convierta en desierto por lo que cada vez tienen menos agua para vivir.

Conservación

Se han creado varias reservas naturales para que aumente el número de antílopes, aunque estas se encuentran ubicadas en países en los que nunca había habitado esta especie, como Marruecos y Túnez.

MAMÍFEROS

Lobo de río - *Pteronura brasiliensis*

EN

Dieta
El lobo de río es carnívoro. Se alimenta principalmente de pescado, aunque en algunas ocasiones come caimanes y tortugas.

Amenazas
Su hábitat se ha visto afectado por la contaminación del agua. Además, la sobrepesca ha reducido su alimento y en ocasiones las crías de esta especie se trafican ilegalmente como mascotas.

Conservación
No existe ningún plan para la conservación de esta especie.

¿Dónde habitan?
Ríos de corrientes lentas, arroyos, lagos y pantanos

Distribución
Ríos Orinoco, Amazonas y Paraná

Tamaño	Peso
1.5 - 1.8 m	22 - 32 kg

Camello bactriano - *Camelus ferus*

CR

¿Dónde habitan?
Desierto

Distribución
China y Mongolia

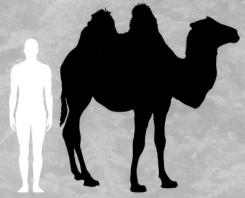

Tamaño	Peso
1.8 - 2.3 m	600 - 1000 kg

Dieta
El camello bactriano es herbívoro. Se alimenta principalmente de arbustos.

Amenazas
Han sido cazados por su carne y su piel. Además, las fuertes sequías reducen el número de plantas de las que se pueden alimentar, lo que los obliga a competir por el alimento con el ganado.

Conservación
Se creó una reserva para su protección en China y se están haciendo esfuerzos para aumentar su población en esa zona.

Foca monje - *Monachus monachus*

EN

¿Dónde habitan?
Zona intermareal y mar abierto

Distribución
Mar Mediterráneo y costa noreste de África

Tamaño	Peso
240 cm	300 - 315 kg

Dieta
La foca monje es carnívora. Se alimenta de peces, crustáceos y moluscos, como anguilas, sardinas, atún, langostas y pulpos.

Amenazas
Los pescadores eliminan a las focas para evitar que se alimenten del pescado que ellos atrapan. En ocasiones también quedan enredadas en las redes de pesca. La contaminación del agua también afecta a esta especie.

Conservación
Se han creado varias leyes para proteger a las focas monje y se han destinado algunos territorios para su conservación. Además, la pesca se ha controlado un poco para evitar dañar a esta foca.

Manatí - *Trichechus manatus*

VU

¿Dónde habitan?

Ríos, estuarios y arrecifes

Distribución

Mar Caribe y costa norte de Sudamérica

Tamaño	Peso
3 - 4 m	200 - 1500 kg

Dieta

El manatí es herbívoro. Se alimenta de pastos marinos y plantas acuáticas.

Amenazas

Son golpeados constantemente por los botes que recorren su hábitat y algunas veces quedan atrapados en las redes de los barcos pesqueros. Además, la contaminación del agua impide que crezcan las plantas de las que se alimentan.

Conservación

Se han creado programas para evitar que sean golpeados por las embarcaciones y para rehabilitar a los manatíes que han resultado heridos. Además, se ha buscado proteger su hábitat.

MAMÍFEROS

Orangután de Sumatra - *Pongo abelii*

CR

Dieta
El orangután de Sumatra es omnívoro. Se alimenta de hojas, tallos, semillas granos, nueces, frutas, flores, huevos e insectos.

Amenazas
Las crías son capturadas para traficarlas ilegalmente y convertirlas en mascotas. Además, se ha deforestado su hábitat para la agricultura y la construcción de carreteras.

Conservación
Las leyes de Indonesia protegen a esta especie del tráfico ilegal y se ha propuesto la creación de un parque nacional para protegerla.

¿Dónde habitan?	Distribución	Tamaño	Peso
Selva tropical	Sumatra (Indonesia)	130 - 180 m	30 - 90 kg

Dieta

El gorila es herbívoro. Se alimenta de hojas, frutas, bayas, helechos y cortezas de árboles.

Amenazas

Se ha deforestado su hábitat para la agricultura. Además, se ha visto afectado por el virus del Ébola, que ha reducido su población. También ha sido cazado para obtener su carne.

Conservación

Existen áreas para la conservación de esta especie en la mayoría de los países en los que se encuentra. También se han tomado algunas medidas para evitar que los gorilas se contagien de esta mortal enfermedad.

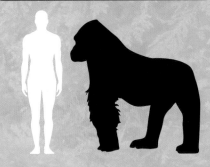

Gorila - *Gorilla gorilla*

CR

Tamaño	Peso	¿Dónde habitan?	Distribución
150 - 180 cm	70 - 140 kg	Selva tropical	África central y Nigeria

MAMÍFEROS

Tití blanco - *Saguinus oedipus*

CR

¿Dónde habitan?
Selva tropical

Distribución
Colombia

Tamaño	Peso
54 - 66 cm	260 - 380 g

Dieta
El tití blanco es omnívoro. Se alimenta principalmente de insectos. También come frutas y la savia de algunas plantas.

Amenazas
Su hábitat ha sido deforestado para la agricultura, la industria y la construcción de viviendas. También se captura para venderlo como mascota.

Conservación
Se han creado áreas protegidas para la conservación de esta especie y se han creado leyes para evitar su tráfico ilegal.

Mono araña - *Ateles fusciceps*

CR

¿Dónde habitan?
Selva tropical

Distribución
Colombia, Ecuador y Panamá

Tamaño	Peso
110 - 143 cm	9 kg

Dieta
El mono araña es omnívoro. Se alimenta de hojas, frutas, nueces, semillas, insectos y huevos.

Amenazas
Su hábitat se ha reducido por la deforestación. También es cazado para obtener su carne.

Conservación
En Ecuador está prohibida su caza y, tanto allí como en Colombia, se han creado áreas protegidas para su conservación.

MAMÍFEROS

 ¿Dónde habitan?

Selva tropical

 Distribución

Sulawesi (Indonesia)

Tamaño	Peso
44 - 57 cm	5 - 10 kg

Macaco negro - *Macaca nigra*

CR

Dieta
El macaco negro es omnívoro. Se alimenta de frutas, hojas, semillas, granos, nueces, flores, insectos, anfibios, aves, reptiles pequeños, murciélagos y huevos.

Amenazas
La cacería furtiva es su principal amenaza, aunque su hábitat también se ha deteriorado y reducido debido a la minería artesanal y a los cultivos temporales.

Conservación
Habita en varias áreas protegidas y se ha prohibido su caza. Además, se están desarrollando programas para su reproducción en cautiverio.

¿Dónde habitan?

Bosque seco y selva tropical

Distribución

Madagascar

Tamaño	Peso
< 35 cm	2 - 3 kg

Lémur mangosta - *Eulemur mongoz*

CR

Dieta

El lémur mangosta es herbívoro. Se alimenta de hojas, frutas, flores y polen.

Amenazas

Esta especie es cazada por su carne. Además, su hábitat se ha deforestado para la agricultura, la ganadería y la producción de carbón.

Conservación

Aunque muchos habitan dentro de algunas áreas protegidas, la mayoría de ellos se encuentran en los bosques más deforestados, sin protección alguna.

Indri colicorto - *Indri indri*

CR

Dieta

El indri colicorto es herbívoro. Se alimenta de hojas, flores y frutos.

Amenazas

Esta especie es cazada por su carne. Además, su hábitat se ha deforestado para la agricultura, la ganadería y la producción de carbón.

Conservación

Aunque la cacería de esta especie es mal vista, muchas personas lo siguen capturando. Habita en tres áreas protegidas de la isla y en dos reservas naturales.

¿Dónde habitan?	Distribución	Tamaño	Peso
Selva tropical	Madagascar	60 - 90 cm	7 - 10 kg

Visón europeo - *Mustela lutreola*

CR

Dieta

El visón europeo es omnívoro. Se alimenta principalmente de animales acuáticos, mamíferos pequeños, aves, ranas, insectos y plantas.

Amenazas

Esta especie ha sido cazada para obtener su piel. Además, es muy sensible a la contaminación del agua. También compite por el alimento y el territorio con el visón americano.

Conservación

Existen algunos programas para la reproducción de los visones europeos y para controlar el número de visones americanos en su territorio.

 ¿Dónde habitan?

Bosque templado, arroyos, ríos y lagos

 Distribución

Francia y España

Tamaño	Peso
28 - 43 cm	400 - 1000 g

AVES

Alca gigante - *Pinguinus impennis*

El alca gigante era un ave no voladora que podía alcanzar un tamaño de hasta un metro de altura, razón por la cual se le llamaba gigante.

Esta especie fue cazada hasta su extinción por su carne, sus enormes huevos y sus plumas.

EX

¿Dónde habitó?	Distribución	Año de extinción
Islas rocosas	Atlántico norte	1852

AVES

Tucán amarillo surcado - *Ramphastos culminatus*

VU

Dieta
El tucán amarillo es omnívoro. Se alimenta de frutos y animales pequeños.

Amenazas
Además de ser cazado, su hábitat está desapareciendo debido a la deforestación de la cuenca del Amazonas para la ganadería y el cultivo de soya.

Conservación
No existen planes para la conservación de esta especie.

¿Dónde habitan?
Selva tropical

Distribución
Colombia, Venezuela, Ecuador, Perú, Bolivia y Brasil

Tamaño	Peso
< 48 cm	300 - 400 g

Guacamaya verde limón - *Ara ambiguus*

EN

Dieta
La guacamaya verde limón es herbívora. Se alimenta de frutos, almendras y flores.

Amenazas
Su hábitat ha sido deforestado para la ganadería, para cultivar diferentes alimentos y para construir carreteras. También es cazada para venderla como mascota o para utilizar sus plumas.

Conservación
Esta especie está protegida en varias reservas naturales y parques nacionales de los países en los que habita.

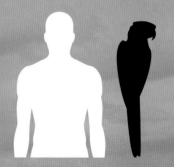

¿Dónde habitan?	Distribución	Tamaño	Peso
Selva tropical	Desde Costa Rica hasta Ecuador	85 - 90 cm	1.5 kg

Guacamayo barbazul - *Ara glaucogularis*

Dieta
El guacamayo barbazul es herbívoro. Se alimenta de frutas, nueces, granos, semillas y hojas.

Amenazas
Esta especie es cazada para venderla como mascota. Además, su hábitat ha sido destruido y cada vez hay menos guacamayos que puedan reproducirse.

Conservación
Se ha prohibido la venta de estos animales, pero el tráfico ilegal continúa a pesar de las leyes. También se han creado programas para facilitar su reproducción.

CR

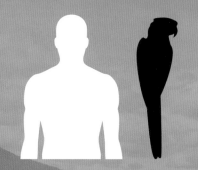

¿Dónde habitan?	Distribución	Tamaño	Peso
Sabana tropical	Bolivia	< 85 cm	600 - 1000 g

Martín pescador bandeado - *Alcedo euryzona*

CR

¿Dónde habitan?
Selva tropical

Distribución
Java (Indonesia)

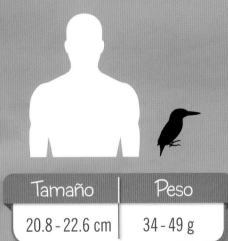

Tamaño	Peso
20.8 - 22.6 cm	34 - 49 g

Dieta
El martín pescador es carnívoro. Se alimenta de peces, insectos, reptiles y crustáceos.

Amenazas
Su hábitat se ha deforestado para la agricultura y la construcción de viviendas.

Conservación
Se ha avistado en el interior de un parque nacional donde se protegen otras especies.

Albatros de las Galápagos - *Phoebastria irrorata*

CR

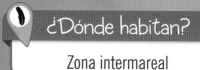
¿Dónde habitan?
Zona intermareal

Distribución
Chile, Colombia, Ecuador y Perú

Tamaño	Peso
85 - 93 cm	3 - 4 kg

Dieta
El albatros es un ave carnívora. Se alimenta de calamares, peces y crustáceos.

Amenazas
Su mayor amenaza es la pesca industrial, ya que este animal suele quedar atrapado en las redes de los barcos pesqueros.

Conservación
La Reserva Marina de Galápagos prohíbe la pesca industrial, lo que minimiza el peligro que corre.

Kiwi - *Apteryx mantelli*

EN

Dieta
El kiwi es carnívoro. Se alimenta de insectos e invertebrados.

Amenazas
Esta ave es atacada por los perros, los gatos, las comadrejas y los hurones.

Conservación
Para evitar la extinción del kiwi, se está buscando controlar la cantidad de perros que hay en la isla. También se están cuidando sus polluelos hasta que alcancen un tamaño que les permita sobrevivir.

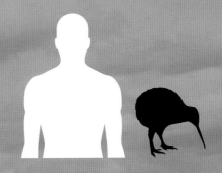

¿Dónde habitan?	Distribución	Tamaño	Peso
Bosque templado	Nueva Zelanda	< 40 cm	2 - 3 kg

Correlimos cuchareta - *Calidris pygmaea*

CR

Dieta

El correlimos cuchareta es omnívoro. Se alimenta de insectos, semillas, larvas y pequeños crustáceos.

Amenazas

El territorio de esta ave migratoria está amenazado por la contaminación proveniente de la industria y de las viviendas. En ocasiones las aves quedan atrapadas en las redes de pesca.

Conservación

En todos los países por los que transita hay reservas y refugios para proteger las zonas de reproducción y de alimentación de esta especie.

¿Dónde habitan?	Distribución	Tamaño	Peso
Estuarios y zona intermareal	Occidente de Asia	14 - 16 cm	29 - 34 g

Porrón de Baer - *Aythya baeri*

CR

Dieta

El porrón de Baer es omnívoro. Se alimenta de plantas acuáticas, moluscos, insectos y peces pequeños.

Amenazas

Los humedales en los que habitan estos patos se están secando debido a que se utilizan para cultivar. La cacería también es una amenaza para esta especie.

Conservación

Las leyes de Rusia, Mongolia y algunas provincias de China protegen a esta especie y los lugares en donde anida.

¿Dónde habitan?	Distribución	Tamaño	Peso
Lagos, ríos y humedales	Occidente de Asia	41 - 46 cm	700 - 900 g

Cacatúa de cresta amarilla - *Cacatua sulphurea*

CR

¿Dónde habitan?
Selva tropical

Distribución
Indonesia y Timor Oriental

Tamaño	Peso
< 33 cm	350 g

Dieta
La cacatúa de cresta amarilla es herbívora. Se alimenta de semillas, bayas, frutas, nueces y flores.

Amenazas
Son cazadas para traficarlas ilegalmente como mascotas. La deforestación también ha reducido su hábitat.

Conservación
Habitan en varias áreas protegidas y se han creado programas para educar a las personas sobre la importancia del cuidado de esta especie.

Tororoí jocotoco - *Grallaria ridgelyi*

EN

Dieta
El tororoí jocotoco es carnívoro. Se alimenta de escarabajos, hormigas, larvas, gusanos y ciempiés.

Amenazas
Su hábitat está localizado cerca de una carretera que se planea expandir en el futuro. Además, la deforestación y la minería de oro han afectado bosques de la región.

Conservación
Esta ave habita en una reserva biológica de 35 km^2 destinada a su protección.

¿Dónde habitan?	Distribución	Tamaño	Peso
Selva y bosque seco tropical	Ecuador y Perú	< 22 cm	152 g

AVES

Pardela balear - *Puffinus mauretanicus*

CR

¿Dónde habitan?
Zona intermareal y mar abierto

Distribución
Costas del océano Atlántico nororiental (Europa)

Tamaño	Peso
< 33 cm	500 g

Dieta
La pardela balear es carnívora. Se alimenta de peces, calamares y crustáceos.

Amenazas
Son cazadas por gatos y otras especies carnívoras. También quedan atrapadas en las redes de pesca. La contaminación del agua y el suelo en el que anidan también afecta su supervivencia.

Conservación
Se han creado áreas de protección especiales para conservar los lugares en los que anidan.

Dieta

La pava de Trinidad es herbívora. Se alimenta de frutas, flores, semillas y hojas.

Amenazas

Es cazada ilegalmente y, además, su hábitat ha sido deforestado para la agricultura.

Conservación

Aunque se han creado leyes y reservas para proteger esta especie, la cacería ha continuado. Sin embargo, el ecoturismo ha tenido un efecto positivo en su conservación.

Pava de Trinidad - *Pipile pipile*

CR

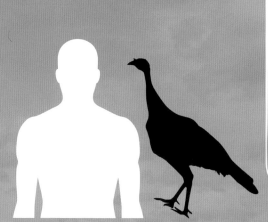

Tamaño	Peso	¿Dónde habitan?	Distribución
< 69 cm	2.5 - 3.3 kg	Selva tropical	Trinidad y Tobago

ANFIBIOS Y REPTILES

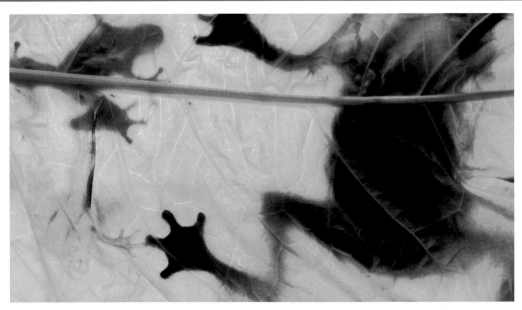
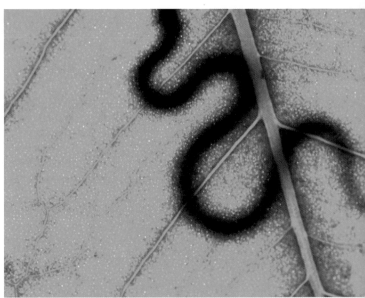
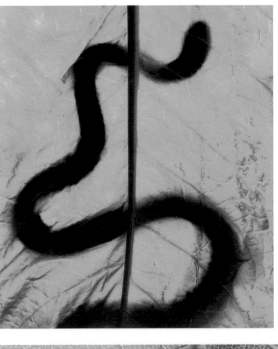
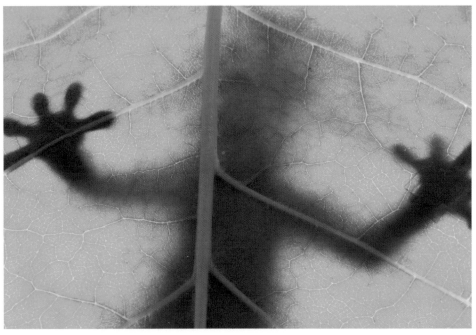

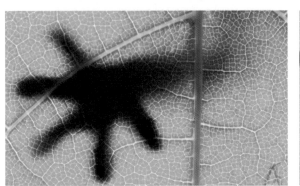

Sapo espumoso de Kihansy - *Nectophrynoides asperginis*

EW

El sapo espumoso mide entre 1 y 1.8 cm y se alimenta de pequeños invertebrados.

La extinción de esta especie en estado salvaje parece estar relacionada con la construcción de una represa en el río Kihansy, lo que redujo en un 90 % el flujo del agua y alteró ese ecosistema.

También es posible que una enfermedad producida por hongos haya reducido el número de sapos espumosos.

¿Dónde habitan?

Vivía entre la vegetación de la zona de las cataratas de Kihansi

Distribución

Tanzania (África)

Rana lémur de hoja - *Agalychnis lemur*

CR

¿Dónde habitan?

Selva tropical

Distribución

Colombia, Costa Rica y Panamá

Tamaño

4 cm en promedio

Dieta

La rana lémur de hoja es carnívora y se cree que se alimenta de insectos e invertebrados pequeños.

Amenazas

Es afectada por un hongo que infecta su delicada piel y afecta su respiración. Además, la deforestación ha reducido su hábitat.

Conservación

Esta rana se encuentra en seis áreas protegidas de Panamá y hay programas de reproducción de esta especie en Estados Unidos y en Panamá.

Rana de ojos negros - *Agalychnis moreletii*

CR

Dieta
La rana de ojos negros es carnívora y se alimenta de insectos, como polillas, grillos, escarabajos y moscas.

Amenazas
Es afectada por un hongo que infecta su piel. Además, la deforestación ha reducido su hábitat y es traficada ilegalmente para venderla como mascota.

Conservación
Habita en varias áreas protegidas.

¿Dónde habitan?

Selva tropical

Distribución

Belice, El Salvador, Honduras, Guatemala y México

Tamaño

6 cm en promedio

Ajolote - *Ambystoma mexicanum*

¿Dónde habitan?

Lagos

Distribución

México

Tamaño	Peso
< 30 cm	125 - 180 g

CR

Dieta
Cuando es joven,
el ajolote se alimenta de
algas, y cuando es adulto,
come insectos acuáticos.

Amenazas
La contaminación y el bajo nivel
del agua de los lagos en los que
habita afectan su supervivencia.
Algunos ajolotes son capturados
para usos medicinales o para
convertirlos en mascotas.

Conservación
Esta especie está protegida
por el Gobierno de México y se
han desarrollado programas de
educación y de turismo para
recuperar y proteger su hábitat.

Rana dorada - *Atelopus zeteki*

Dieta
La rana dorada es carnívora y se alimenta principalmente de pequeños invertebrados.

Amenazas
Esta rana es afectada por un hongo que infecta su piel. Otras amenazas para esta especie son la deforestación, la contaminación del agua y el tráfico ilegal para convertirla en mascota.

Conservación
La ley de Panamá la protege y habita en varios parques nacionales. Además, existe un programa de reproducción en cautiverio.

CR

¿Dónde habitan?	Distribución	Tamaño
Selva tropical	Panamá	4 cm en promedio

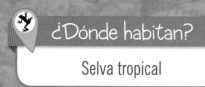

¿Dónde habitan?

Selva tropical

Distribución

Colombia

Tamaño

4.5 cm en promedio

Rana dardo dorada - *Phyllobates terribilis*

EN

Dieta

La rana dardo dorada es carnívora y se alimenta de hormigas, termitas, gusanos y escarabajos.

Amenazas

Su hábitat se ha reducido debido a la contaminación y a que se ha deforestado para la agricultura, los cultivos ilícitos y la construcción de viviendas.

Conservación

No existe ningún plan para la conservación de esta especie.

Rana dardo golfo Dulce - *Phyllobates vittatus*

EN

Dieta
La rana dardo del golfo Dulce es carnívora y se alimenta de escarabajos, moscas y otros insectos pequeños.

Amenazas
El lugar en el que habita ha sido deforestado para la agricultura. Además, la contaminación del agua debido a la minería de oro afecta la supervivencia de esta especie.

Conservación
Esta rana habita en tres áreas protegidas de Costa Rica.

 ¿Dónde habitan?
Selva tropical

 Distribución
Costa Rica

Tamaño
3 cm en promedio

Rana venenosa benedicta - *Ranitomeya benedicta*

VU

Dieta
La rana venenosa benedicta es carnívora y se alimenta de moscas, grillos, insectos y crustáceos pequeños.

Amenazas
Esta especie es cazada para venderla como mascota. Además, el territorio que habita está siendo deforestado para cultivar alimentos.

Conservación
No existe ningún programa para la conservación de esta especie.

¿Dónde habitan?

Selva tropical

Distribución

Perú

Tamaño

2 cm en promedio

Rana venenosa de Summer - *Ranitomeya summersi*

Tamaño

2 cm en promedio

EN

¿Dónde habitan?

Selva tropical

Distribución

Perú

Dieta

La rana venenosa de Summer es carnívora y se alimenta de pequeños insectos e invertebrados.

Amenazas

Además de ser cazada para traficarla ilegalmente como mascota, su hábitat se está reduciendo debido a la construcción de viviendas y la expansión de los cultivos.

Conservación

No existe ningún programa para la conservación de esta especie.

ANFIBIOS Y REPTILES

Cocodrilo del Orinoco - *Crocodylus intermedius*

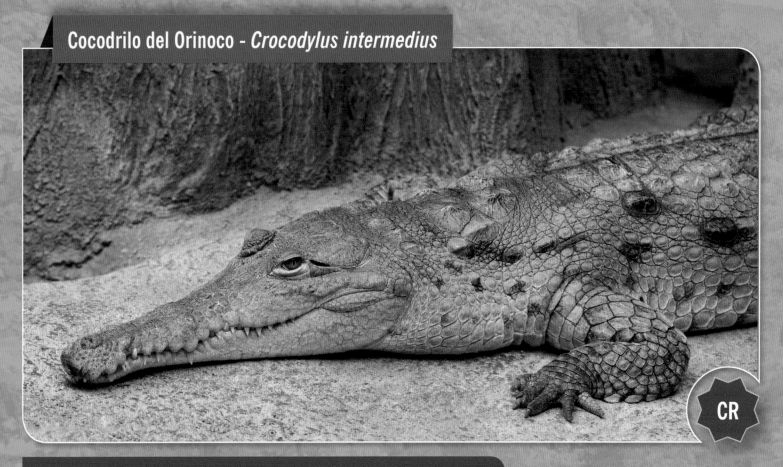

CR

Dieta
El cocodrilo del Orinoco es carnívoro y se alimenta de peces, aves grandes, reptiles y mamíferos pequeños.

Amenazas
Antiguamente fue cazado por su piel y esto redujo gravemente el número de cocodrilos. En la actualidad este animal es cazado ilegalmente por su carne, sus dientes, sus huevos y sus crías.

Conservación
En Venezuela se han reproducido cocodrilos en cautiverio y luego se han liberado para aumentar la cantidad de estos reptiles en los lugares en los que habita.

¿Dónde habitan?	Distribución	Tamaño	Peso
Selva tropical y sabana	Colombia y Venezuela	3.2 - 5 m	200 - 380 kg

Tortuga carey - *Eretmochelys imbricata*

CR

Dieta
La tortuga carey es omnívora. Se alimenta de esponjas, medusas, moluscos, peces, algas marinas, crustáceos, gusanos marinos, erizos y corales.

Amenazas
Esta especie es cazada por su caparazón, sus huevos y su carne, aunque también queda atrapada accidentalmente en redes de pesca. Además, se ve afectada por la contaminación del mar, ya que confunde las bolsas de plástico con medusas y se asfixia al comerlas.

Conservación
Varios países han prohibido la cacería de tortugas y de huevos. También se protegen algunos de los lugares en donde anidan.

¿Dónde habitan?
Mar abierto y arrecifes

Distribución
Océanos Atlántico, Pacífico e Índico

Tamaño	Peso
65 - 85 cm	45 - 75 kg

Camaleón tigre - *Archaius trigris*

EN

¿Dónde habitan?

Selva tropical

Distribución

Islas Seychelles (Mahé, Silhouette, Praslin)

Tamaño

<16 cm

Dieta

El camaleón tigre es carnívoro y se alimenta principalmente de insectos y otros animales pequeños.

Amenazas

En las islas en las que habita crecen plantas de canela, que son una especie invasora de la región. Estas plantas reducen la cantidad de insectos de los que se puede alimentar el camaleón tigre.

Conservación

Esta especie habita en los parques nacionales Morne Seychelois, Praslin y Silhouette, donde es protegida. Allí se llevan a cabo programas para recuperar su hábitat.

Tortuga de pantano - *Glyptemys muhlenbergii*

CR

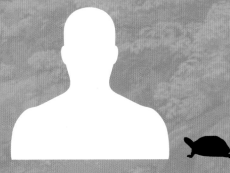

¿Dónde habitan?

Humedales (pantanos)

Distribución

Estados Unidos (costa este)

Tamaño	Peso
8 - 11 cm	110 - 132 g

Dieta
La tortuga de pantano es omnívora y se alimenta de insectos, caracoles, gusanos, arañas, ranas, polluelos, ratones, bayas, semillas, nueces, granos y frutos.

Amenazas
El hábitat de esta especie está siendo afectado por la construcción de viviendas, la agricultura y el desarrollo industrial. Además, es vendida como mascota.

Conservación
Existen leyes para la protección de esta especie, pero no para la protección de su hábitat.

PECES

Corégono fera - *Coregonus fera*

EX

¿Dónde habitó?
Ríos y lagos

Distribución
Lago Ginebra (Suiza y Francia)

Año de extinción
1920

El corégono fera era un pez de río que medía unos 55 cm, y era muy apreciado por su carne, por lo que fue pescado hasta su extinción.

En verano se alimentaba de insectos cerca de la superficie, mientras que en invierno migraba a aguas más profundas del lago.

Se reproducía durante el mes de febrero sobre la vegetación del fondo del lago.

Tiburón martillo - *Sphyrna lewini*

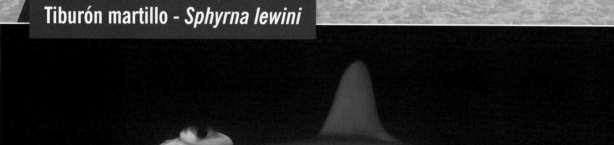

EN

Dieta

El tiburón martillo es carnívoro y se alimenta de peces, moluscos, crustáceos, reptiles e invertebrados marinos.

Amenazas

La sobrepesca para obtener sus aletas, carne e hígado ha disminuido el número de estos tiburones.

A veces quedan atrapados accidentalmente en redes de pesca industrial.

Conservación

Aunque en algunos países se ha prohibido su pesca, este tiburón se sigue pescando sin ningún control por parte de las autoridades.

 ¿Dónde habitan?

Mar abierto y arrecifes

 Distribución

Océanos Atlántico, Pacífico e Índico

Tamaño	Peso
3.7 - 5 m	152 kg

Pez sierra - *Pristis pectinata*

CR

Dieta
El pez sierra es carnívoro y se alimenta de peces, cangrejos y camarones.

Amenazas
Esta especie se pesca para utilizar su carne, obtener aceite para hacer jabones y medicamentos, y también para cortar su sierra y venderla como pieza decorativa. A veces queda atrapada accidentalmente en redes de pesca.

Conservación
Existen algunos refugios para esta especie en la Florida (EE. UU.) y su pesca se ha prohibido en varios países.

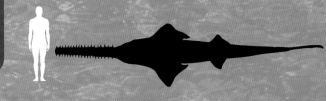

¿Dónde habitan?	Distribución	Tamaño	Peso
Mar abierto y arrecifes	Mar Caribe y Sierra Leona (África)	5 - 7.6 m	350 kg

Manta - *Mobula mobular*

Dieta
La manta se alimenta filtrando pequeños crustáceos y peces llamados plancton.

Amenazas
Esta especie queda atrapada accidentalmente en redes de pesca industrial.

Conservación
Existe un santuario en donde está prohibida la pesca de mantas y se han hecho acuerdos con los pescadores para que las liberen cuando las capturan accidentalmente.

EN

¿Dónde habitan?	Distribución	Tamaño	Peso
Mar abierto	Mar Mediterráneo	1.66 - 6.5 m	35 - 2000 kg

Raya eléctrica del Caribe - *Narcine bancroftii*

CR

¿Dónde habitan?

Arrecifes y estuarios

Distribución

Mar Caribe y golfo de México

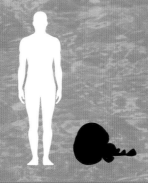

Tamaño	Peso
< 60 cm	650 g

Dieta

La raya eléctrica del Caribe es carnívora y se alimenta de gusanos, anémonas, peces pequeños y crustáceos.

Amenazas

Esta especie queda atrapada accidentalmente en las redes de pesca de camarón.

Conservación

No se han tomado medidas para proteger a esta especie.

Pez luna - *Mola mola*

¿Dónde habitan?
Mar abierto

Distribución
Océanos Atlántico,
Pacífico e Índico

VU

Tamaño	Peso
< 4 m	< 2.3 ton

Dieta
El pez luna es carnívoro y
se alimenta de medusas,
aunque también puede
comer crustáceos, calamares
y peces pequeños.

Amenazas
Este pez queda atrapado
accidentalmente en las
redes de pesca industrial.

Conservación
No existen programas para la
conservación de esta especie.

Atún de aleta azul del sur - *Thunnus maccoyii*

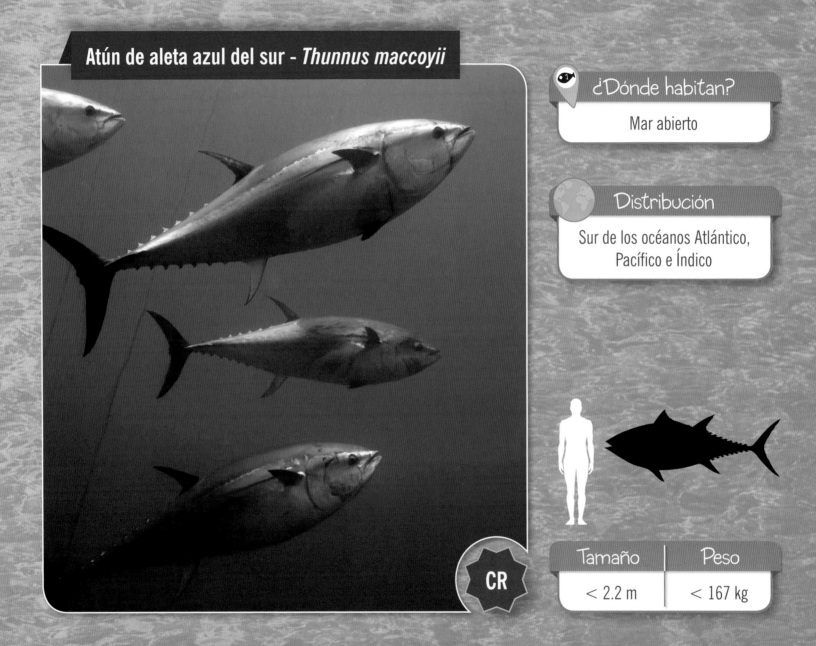

CR

¿Dónde habitan?
Mar abierto

Distribución
Sur de los océanos Atlántico, Pacífico e Índico

Tamaño	Peso
< 2.2 m	< 167 kg

Dieta
El atún de aleta azul es carnívoro y se alimenta de otros peces más pequeños, crustáceos, calamares, pulpos y otros animales marinos.

Amenazas
Esta especie ha sido pescada intensivamente desde la década de 1950, por lo que cada vez el número de atunes es menor.

Conservación
Se han tomado algunas medidas para controlar la cantidad de atunes que pueden atrapar los barcos pesqueros.

Pez Napoleón - *Cheilinus undulatus*

EN

Dieta

El pez Napoleón es carnívoro y se alimenta de peces, erizos de mar, crustáceos y otros invertebrados.

Amenazas

Esta especie es atrapada para venderla como animal exótico. Los pescadores deportivos también la pescan intensamente.

Conservación

En varios países se ha prohibido la venta de este pez vivo. También se han establecido algunas reglas para poder pescar esta especie sin poner en peligro el número de peces Napoleón y para permitir que tengan tiempo de reproducirse.

¿Dónde habitan?

Arrecifes de coral

Distribución

Océanos Índico y Pacífico

Tamaño	Peso
< 2.3 m	191 kg

¿Dónde habitan?

Arrecifes

Distribución

Océano Atlántico

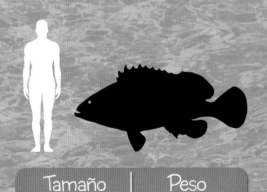

Tamaño	Peso
< 2.5 m	360 kg

Mero guasa - *Epinephelus itajara*

CR

Dieta

El mero guasa es carnívoro y se alimenta de cangrejos, langostas, camarones, peces, pulpos y tortugas.

Amenazas

Esta especie crece muy lentamente y no se reproduce tan rápido, por lo que la sobrepesca ha impedido que aumente el número de meros.

Conservación

En algunos países está prohibida su pesca y en otros se están tomando algunas medidas para su conservación.

Esturión - *Acipenser gueldenstaedtii*

CR

Dieta

El esturión es carnívoro y se alimenta de crustáceos, moluscos y peces pequeños.

Amenazas

Esta especie es atrapada por su piel, su carne y sus huevos (caviar). Además, la contaminación del mar Caspio ha cambiado su comportamiento reproductivo.

Conservación

Aunque existen muchas leyes que limitan la cantidad de esturiones que pueden ser pescados, las autoridades no pueden controlar por completo la pesca de esta especie.

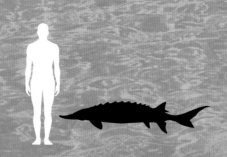

¿Dónde habitan?	Distribución	Tamaño	Peso
Ríos y estuarios	Mar Negro, mar Azov y mar Caspio (Europa oriental)	< 2.4 m	65 - 115 kg

Salmón taiwanés - *Oncorhynchus formosanus*

CR

Dieta
El salmón taiwanés se alimenta principalmente de insectos acuáticos.

Amenazas
La sobrepesca y el deterioro del hábitat debido a la agricultura y a la construcción de represas, redujeron el número de salmones.

Conservación
Se creó un refugio especial para la conservación de estos salmones.

 ¿Dónde habitan?
Ríos

 Distribución
Taiwán (China)

Tamaño	Peso
< 30 cm	2 - 2.5 kg

GLOSARIO

agricultura: uso de la tierra para cultivar alimentos como frutas, verduras y cereales, ente otros.

amenaza: cualquier actividad humana que puede poner en peligro la subsistencia de una especie o su ecosistema.

anidar: construir un animal un nido para poner sus huevos.

área protegida: región geográfica creada para garantizar la protección, conservación y bienestar de las diferentes especies que allí habitan.

bioma: zona que comparte un mismo clima, suelo, flora y fauna.

cacería intensiva: búsqueda y persecución constante e ininterrumpida de animales para matarlos y venderlos.

cambio climático: alteración del clima de la Tierra causado por la contaminación y la deforestación.

carnívoro: animal que se alimenta de otros animales.

cautiverio: estado de un animal silvestre que ha sido capturado y privado de su libertad.

conservación: acción de preservar y cuidar para el futuro una especie, un conjunto de especies o un ecosistema.

contaminación: introducción de materiales o sustancias toxicas al medio ambiente, haciendo que este sea perjudicial para la salud o que ya no sea apto para su uso.

crustáceos: animales como los cangrejos, las langostas y los camarones que tienen un caparazón, cuatro antenas y diez patas.

deforestación: tala o quema de los bosques para obtener madera o usar el suelo para la agricultura, la minería o la ganadería.

dieta: tipo y cantidad de alimentos que consume un animal para poder sobrevivir.

ecosistema: conjunto de diferentes especies de un área determinada que interactúan entre ellas y con el medio ambiente que las rodea.

especie: grupo de seres vivos que tienen ciertas características que los hacen únicos y les permiten reproducirse entre sí.

especie invasora: especie que pertenece a un ecosistema específico y que es introducida intencional o accidentalmente a otro ecosistema y produce cambios en él.

extinción: desaparición y muerte de todos los miembros de una especie.

ganadería: cría de animales domésticos para la producción de carne, leche y otros productos.

hábitat: espacio que reúne todas las condiciones adecuadas para que una especie pueda vivir, desarrollarse y reproducirse.

herbívoro: animal que se alimenta únicamente de plantas.

hongo: organismo que descompone la superficie de la que se alimenta.

insectos: pequeños animales como las moscas, las abejas, las mariposas, las hormigas y los escarabajos, que se caracterizan por tener dos antenas, seis patas y dos o cuatro alas.

invertebrados: conjunto de animales que no tienen un esqueleto interno, como los crustáceos y los insectos.

mamíferos: animales vertebrados cubiertos de pelo y que alimentan a sus crías con leche.

minería: actividad que consiste en extraer minerales de la tierra.

moluscos: animales invertebrados como los caracoles, los pulpos y los calamares.

omnívoro: animal que se alimenta de plantas y de animales.

parque nacional: espacio natural protegido por la ley de un país que se crea para conservar y proteger la flora y la fauna que allí habitan.

pesca: actividad que consiste en sacar animales como peces, moluscos y crustáceos que se encuentran en el mar o en el agua dulce.

pesca industrial: extracción de una gran cantidad de animales marinos en el menor tiempo posible, utilizando técnicas que pueden dañar el ecosistema o capturar animales que no son el objetivo de la pesca como delfines, tiburones y tortugas.

reciclar: transformar y aprovechar materiales usados o desechos para reducir la contaminación del medio ambiente.

red de pesca: malla hecha con hilos entrelazados y que se usa para pescar.

reducir: disminuir la cantidad de desechos que se producen diariamente.

represa: construcción que tiene como finalidad detener y/o desviar el curso natural de un río.

reproducción: proceso por el cual los seres vivos dan origen a otro ser vivo de su misma especie.

reserva natural: área dentro de una región que se encuentra protegida debido a la importancia que tiene para el crecimiento de la fauna y la flora del lugar.

reutilizar: volver a utilizar un material o un objeto, con el fin de disminuir la cantidad de desechos que se arrojan diariamente al medio ambiente.

silvestre: animal que nace, crece y vive en la naturaleza sin ninguna intervención humana.

sobrepesca: captura excesiva de especies marinas mediante diferentes técnicas de pesca y que va reduciendo poco a poca la cantidad de estos animales en el mar.

tráfico ilegal de especies: venta ilegal de animales que han sido sacados de su medio ambiente natural.

uso medicinal: utilización de animales o partes de ellos para la elaboración de sustancias que tienen un efecto curativo, bien sea real o ficticio.

ÍNDICE